까미노의 말

산티아고 순례길을 걸으며 수집한 인생의 문장들

글·사진 홍아미

이미지

하때 나의 온 세상이었던,

돌아가신 할머니께 이 책을 바칩니다.

목 차

프롤로그   06
길이 내게 말을 걸었다

PART 1. 삶의 이유   11
에세이 하나. 할머니의 죽음에 관하여

PART 2. 고통의 정체   91
에세이 둘. 까미노는 우리의 생과 닮았다

PART 3. 까미노의 말   167
에세이 셋. 결국 모든 것은 사랑이다

에필로그   236
까미노는 끝나지 않았다

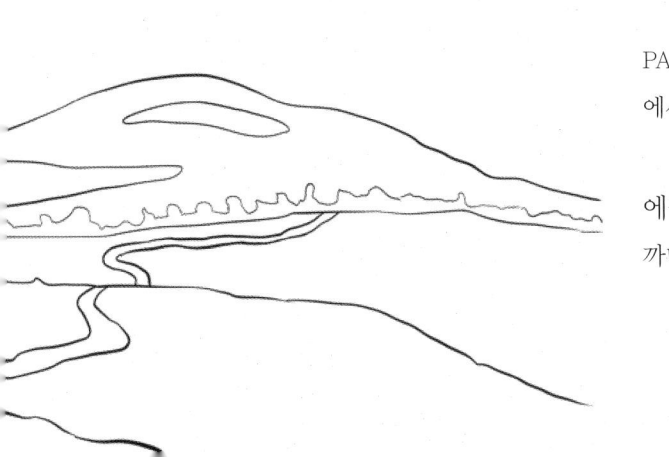

프롤로그

길이 내게 말을 걸었다

2024년 봄, 산티아고 순례길을 걸었다.

다양한 종류의 순례길 중에서도 내가 선택한 길은 프랑스 국경 마을에서 스페인 산티아고까지 서쪽을 향해 걷는 '까미노 프란세스(프랑스길)'. 약 800km의 여정이었다.

대개는 30일, 길게는 40일이 넘게 매일 20~30km씩 걸어야 하는 도보 여행. 어렸을 때부터 막연히 동경해온 여행이었지만 막상 시작할 때가 되니 심란해졌다. 게다가 처음 마음먹었던 출발일에 가까워졌을 때, 갑작스런 할머니의 부고로 한국에 돌아갔다가 다시 시작해야 하는 난관이 닥치기도 했다. 그 모든 과정을 거치며 내 마음 속엔 의문이 자라났다. 왜 하필 지금인가. 이렇게까지 힘든 길을 걸어야 할 명분이 있는 것도 아니고, 마흔이 훌쩍 넘어 체력도 떨어지고 몸과 마음이 한창 바쁜 이때. 왜 나는 육체를 갈아 넣는 이 여정을 시작하기로 한 걸까.

살다 보면 '이렇게 살 수도 없고 이렇게 죽을 수도 없을 때'가 오기 마련이다. 최승자 시인은 서른이란 나이를 노래하며 이렇게 표현했지만, 내게는 마흔이 그런 나이였다. 이렇게 살기엔 보잘 것 없고, 이렇게 죽기엔 이뤄놓은 것이 하나도 없는 나이. 이 나이 되도록 나는 어째서 아무 것도 못되었을까. 페미니스트도 못되고, 베지테리언도 못되고, 다이버도 못되고, 커리어우먼도 못되고, 하다못해 엄마도 못되고 작가도 못되었다. 많은 돈을 벌지도 못했고 현실에 안주하며 자족하지도 못했고, 쉼 없이 새로운 것에 도전할 만큼 기운차지도 못했으며 타인을 완벽히 책임질 만큼 성실하지도 못했다. 아니 도대체 어쩌다 이렇게 이도저도 아닌 인간이 되었을까.

아무리 생각해도 풀리지 않는 질문들이 꼬리에 꼬리를 물었다. 어쩌면 나는 순례길을 걷는 동안 뭔가 깨달음에 가까운 해답을 얻길 바랐던 것인지도 모른다. 학대에 가깝게 육체를 몰아넣고 이윽고 모든 고난을 극복한 뒤에 포상처럼 얻어지는 그런 것들 말이다. 셰릴 스트레이드의 여행기 〈와일드〉 속 주인공에 비할 바는 아니지만, 생각보다 고된 여정에 몸 이곳저곳이 통증으로 물들어갔다. 발가락마다 매일 새로운 물집이 잡혔고, 발톱은 보라색으로 변했고, 종아리에는 수시로 쥐가 나는 듯한 통증이 찾아왔다. 당연했다. 살면서 이렇게 걸어본 적이 없었으니까. 하루 20km이상 걸어본 경험은 내 인생을 통틀어 다섯 번도 채 안 될 것이다. 그런 고행을 매일 반복했으니 온 몸에 이상 현상이 생기는 것도 무리가 아니었다.

하지만 신기하게도 내 머릿속을 가득 채웠던 덧없는 질문들은 걷기의 일상이 계속될수록 점점 사라져갔다. 마치 안개가 흩어지듯이 잡생각들이 사라지고 그 사이로 하나의 길이 펼쳐졌다. 생각은 필요 없었다. 나는 그저 내 앞에 놓인 길을, 화살표가 알려주는 방향에 따라 걷기만 하면 되었다. 하루하루가 단순해졌다. 지금 생각해보면 걷기를 통해 나는 정신적인 디톡스 효과를 얻었던 것일지도 모른다.

그렇게 머릿속이 정돈되자 점차 길 위의 많은 것들이 눈에 들어오기 시작했다. 발에 통증이 느껴질 때는 마치 나를 위해 준비된 것처럼 나무 아래 벤치가 기다리고 있었다. 벤치에 앉아 옆에 무거운 배낭을 벗어놓고 아픈 발을 마사지하고 있노라면 표지석 뒤편에 "You are strong!"라는 문구가 빼꼼 고개를 내밀곤 했다. 그럼, 그럼, 나는 강하지. 이 정도 물집은 아무 것도 아니라고! 아무도 듣지 않길 바라며 혼잣말을 중얼거리기도 했다.

까미노 곳곳이 그런 문구로 가득했다. 표지판 한 귀퉁이에, 부서진 벤치 위에, 바닥에 굴러다니는 돌멩이 위에, 담쟁이가 잠식한 담벼락에……. 까미노 어디에서건 마치 낙서 같기도 하고, 의미심장한 격언 같기도 한 단어나 문장을 만나곤 했는데, 어느 순간 여상하게 지나치곤 했던 낙서들이 어쩌면 누군가가 내게 건네는 '말'이 아닐까 하는 생각이 들었다. 혼자 걷는 시간이 많았는데, 실상은 혼자가 아니었던 셈이다. 걷는 내내 까미노는 내게 말을 걸어왔다. 내가 힘들 때 어떤 말은 응원이 되었고, 통증에 신음하며 인상을 찡그릴 때 어떤 말은 잠시 웃을 수 있는 유머로 다가왔다. 어떤 메시지는 뼈 때리는 일갈처럼 들려왔고, 쓴 사람의 고통이나 슬픔이 느껴지는 단 한 줄에선 무한한 상상의 나래가 펼쳐지기도 했다.

어느 순간 나도 모르게 까미노의 말을 수집하고 있었다. 한시라도 빨리 걸음을 재촉해야 하는 길 위에서든, 비바람에 눈을 뜰 수 없는 사속에서든, 나는 까미노의 말을 수집하기 위해 누구보다 자주 걸음을 멈추었다. 완주를 끝내기까지 총 36일. 버스나 택시를 타지 않고 800km를 걸어 마침내 산티아고 데 콤포스텔라에 도착했다. 걷는 내내 내게 말을 걸어주고 다독여주고 이끌어준 까미노의 말이 아니었다면, 나의 완주는 더욱 더디고 고통스러웠으리라.

한국에 돌아와 회복한 뒤 사진으로 담은 까미노의 말을 정리하고 번역 작업에 매달렸다. 작업을 하면 할수록 비단 나에게만 특별한 의미로 다가오는 것은 아니리란 생각이 들었다. 이제 내가 수집한 까미노의 말들을 더 많은 사람들과 나누고 싶다. 그 길을 걸어본 사람들에게는 노스텔지어일 테고, 꿈만 꾸고 있는 이들에겐 잠시 그 길에 가본듯한 신기한 경험을 선사할 것이다. 어떤 말은 오늘의 일상을 열심히 살아갈 당신에게 하나의 의미로 다가갈 테다. 여기까지가 내 까미노 프로젝트의 완성이 될 듯하다.

홍아미

PART 1 삶의 이유

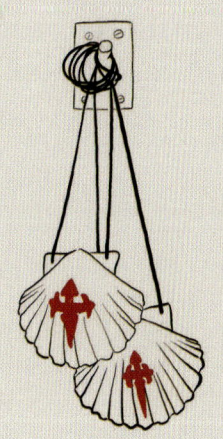

에세이 하나

할머니의 죽음에 관하여

할머니가 세상을 떠났다.

나는 산티아고 순례길을 걷기 위해 프랑스의 한 남부도시에 머물고 있었다. 지구 반대편에서 부고를 전해들은 셈이다. 모든 일정을 잠정 연기했다. 할머니의 장례식에 가는 길은 멀고멀었다. 2박3일의 장례식이 끝나기 전에 도착해야 했는데 버스와 기차와 비행기를 타고 또 운전을 해서 제천에 있는 장례식장에 도착하기까지 약 48시간이 걸렸다. 편히 눕지도 제대로 자지도 못하고 쉴 새 없이 1만 킬로미터를 이동하는 동안, 나는 무슨 생각을 했었나. 아마도 할머니의 마지막에 대해 생각했던 것 같다. 이런 말을 하는 건 좀 조심스럽지만, 생각보다 슬프지 않아서 놀라울 정도였다.

할머니는 나의 주양육자였다. 내 유년시절의 대부분은 할머니와 연결되어 있다 해도 과언이 아니었으므로, 당연히 할머니의 죽음은 내 생의 커다란 사건이었다. 그러나 돌아가신 할머니의 죽음을 생각하며 흘린 눈물은 영원한 이별에 대한 슬픔이 아니라 어째서 할머니의 말년이 그토록 고통스러워야 했나, 하는 원통함에 더 가까웠다. 8년 전 뇌경색으로 쓰러진 이후 할머니의 삶은 평생에 걸쳐 구축한 본인의 미덕과 정체성, 자존감 따위를 모두 지워버리는 시간이었다. 마치 신이 'Delete'키를 눌러 하나의 인간이라는 폴더 안에 있는 파일들을 하나씩, 아주 천천히 삭제해가고 있는 게 아닐까 싶었다. 근육과 살이 빠져 나갔다. 걸을 수 없게 되었다. 기억이 사라졌다. 그토록 깔끔하고 총명하던 성품도 온데간데없어졌다. 청력을 잃었고, 몇 년 후엔 대화도 할 수 없게 되었다. 주변에 할머니를 사랑하고 돌보는 가족들이 가득해도 정작 본인은 그 누구도 인지하지 못했다. 그토록 사랑했던 큰아들마저도. 모든 관계가 무의미해졌다. 마지막에 남은 건 식욕 같은 욕망의 파편들 뿐.

나를 알아보지 못하는 할머니라도 오래 곁에 있어주었으면 하는 바람은, 간병과 봉양으로

삶의 일부를 오롯이 바쳐야 하는 엄마의 한숨 속에 욕심처럼 느껴질 때도 있었다. 이러한 상황을 가장 못마땅하게 여겼을 이는 다름 아닌 할머니였을 것이다. 할머니의 품에서 유년기를 보냈고, 할머니가 부르는 내 이름을 들으며 스스로를 인식했고, 할머니가 차려준 수천 번의 끼니들로 성장한 나이기에 분명히 안다고 단언할 수 있다. 할머니는 자신의 삶이 이렇게 끝맺기를 절대 바라지 않았다고. 적어도 마지막 8년간의 삶은 절대 할머니가 원하는 바가 아니었다고.

허무했다. 삶이란 어쩌면 이토록 공허한 것인가. 끔찍했다. 그토록 충직하고도 근면하게 주어진 책임을 다하고 기어코 살아낸 인간의 마지막이 이러면 안 되지 않나. 아니, 어느 누구도 이런 식으로 고통스럽게 생을 마감해선 안 된다. 잔인했다. 수년에 걸쳐 자기 자신을, 자신에게 가장 소중했던 사람을, 자신을 누구보다 사랑했던 사람들을 지워버리고, 상처 주고, 지치게 하는 이별이라니. 적어도 나의 할머니는 이보다 더 나은 말년을 보낼 자격이 있었다. 자기 힘으로 걷고, 소중한 사람들의 목소리를 듣고, 함께 웃으며 맛있는 것을 먹고… 마지막엔 후손이 오래 기억에 간직할 만한 덕담 한 마디를 남기고 주무시듯 편안하게 세상을 떠나는… 아니, 그런데 정말로 그렇게 죽는 사람이 있나? 도대체 인간은 어떻게 죽어야 하는 걸까.

아무리 궁리해도 인간의 아름다운 마지막이란 불가능한 일인 듯했다. 문득 의아해졌다. 사람들이 불안과 공허에 잠식당하지 않고 그토록 열심히 살아갈 수 있다는 게. 내가 사랑하는 사람도, 나 자신도, 우리 모두 병들고 비참해져서 언젠가는 반드시 죽음을 맞이한다. 사는 동안 얼마나 최선을 다하든, 성취를 이루든, 평탄했든, 수많은 고비를 넘겼든 간에 결과 값이 똑같다는 얘기다. '죽음'이라는 거대하고도 절대적인 인생의 결말을 알고도 사는 게 허무하고 무섭지 않단 말인가. 이 진실을 직면하고도 영원히 살 것처럼 욕심을 부리고, 전력 질주하는 사람들이 놀라웠다. 내 일은 아닐 거라고, 아니 모르는 게 낫다고 마냥 외면하는 건 아닐까.

사실 난 내 자신이 더 놀라웠다. 이 나이가 되도록 그걸 몰랐다는 게 말이다. 운이 좋다고 해야 할까. 적잖은 나이에도 불구하고, 가족의 죽음을 경험하는 것은 처음 겪는 일이었다. 내가 떠나면 떠났지, 누군가를 떠나보낸 경험은 거의 없었다 해도 과언이 아니었다. 그러니 할머니의 죽음은 내가 경험한 생애 최초의 커다란 이별인 셈이었다. 물론, 이건 시작일 뿐이라는 것을 알았다. 언제까지고 그 자리에 계실 것만 같은 부모님도, 이제는 제법 나이든 티가 나기 시작하는 삼촌 고모들도, 하물며 나와 내 친구들도 나이가 들고 때가 되면 아프고 고통 받다가 세상을 떠나가리라. 그리고 그 끝은 감히 예상할 수도, 준비할 수도 없으리라. 나의 할머니가 그랬던 것처럼.

한국에서 장례와 일련의 일처리를 마치고 다시 순례길에 섰을 때, 내 마음가짐은 이전과 조금 달라져 있었다. 다 그만두고 싶기도 했다. 한국에서 유럽까지 1만여km를 3번이나 오가는 동안 체력도 동력도 다 고갈된 것만 같았다.

조금은 떠밀린 듯한 심정으로 다시 순례길에 서지 않았나 싶다. 반짝이는 희망과 부푼 꿈은 빛바랬지만, 그렇다고 오래 준비하고, 많은 이들에게 응원을 받으며 떠나온 길을 보란 듯이 때려치울 배포도 없었던 것이다. 그렇게 스스로 무엇에 떠밀린 것인지도 모른 채, 걷기 시작했다. 하루를, 일주일을, 열흘을, 보름을······. 이렇게 오래 걷기만 한 것은 처음이었다. 이렇게 매일 걷다가 죽어버리는 게 아닐까 하는 생각이 들 정도였다. 걸으면서 생각하고, 생각을 하지 않기도 하고, 그러니까 생각을 하건 하지 않건 상관없이 두 발은 계속해서 걸었다. 할머니를 생각하고, 나를 생각했다. 희미해질 대로 희미해져 세상을 떠난 할머니와 이 길 위에 두 발을 딛고 서서 근육이 팽팽해지도록 땀을 흘리며 걷는 나. 두 존재가 선연한 대조를 이루다가 이내 합쳐졌다.

그렇게 걷던 어느 날이었다. 그날은 아침 7시가 되기 전, 평소보다 좀 이른 시간에 나왔는데 마침 동이 막 트고 있었다. 온 세상이 몽환적인 빛으로 가득했다. 저 멀리 보이는 나지막한 산맥과 그 앞으로 드넓게 펼쳐진 평원 사이로 오묘한 형태의 안개가 너울거리며 오렌지 빛의 아침햇살에 물들었다. 잠을 제대로 못자서 그런 건지도 모르겠지만 마치 꿈속을 걷는 것 같은 기분이었다. 세상이 너무나도 아름다워 자꾸만 걸음이 더뎌졌다. 많은 순례자들이 나를 지나쳐 "부엔 까미노" 하고 인사를 건네곤 한 방향을 따라 줄지어 걸어갔다. 시시각각 변하는 하늘엔 해와 달이 동시에 떠 있었는데 그 풍경이 뭐랄까. 이 세상의 것 같지가 않았다. 무거운 짐을 지고 묵묵히 언덕길을 오르는 순례자들의 뒤로 신성한 햇살이 후광처럼 비추고 있었다. 모든 인간들은 달을 바라보며, 해를 등지고 한 방향으로 걷는다. 아니 인간뿐만이 아니라 해도 달도 모두 서쪽을 향한다……. 대체 무엇을 향해? 서쪽 끝엔 무엇이 있기에? 나도 모르게 작게 뇌까렸다.

Go West.

펫숍보이즈의 유명한 노래 제목이기도 한 이 말을 의역하면 '죽다', '몰락하다'라는 뜻이다. 답은 금세 나왔다. 아, 우리 모두는 죽음을 향해 가고 있구나.
그 순간, 내가 왜 이 길 위에 있는지 비로소 알 것 같았다. 지금 내가 걷고 있는 것은 떠밀

림이 아니라 이끌림에 더 가깝다는 것도. 이 길을 걷는 동안 나는 할머니의 죽음을 온전히 껴안아야 하리라. 다 걷고 나면 그 고통스러웠던 할머니의 마지막을, 받아들이기 힘든 인생의 허무함을 조금이나마 이해할 수 있을까. 그 바람조차도 욕심일지 모르지만.

JUST DO IT 영어

•

그냥 해

LET IT HAPPEN 영어

•

일이 벌어지게 그냥 두세요

Si la vie est un chemin accepte ce qu'il de passe dans ta vie comme tu accepte ce qu'il se passe sur le chemin. 프랑스어

●

인생이 길이라면 그 길에서 일어나는 일을 받아들이듯이
인생에서 일어나는 일도 받아들이십시오.

Si la vie est un chemin
accepte ce qu'il se passe dans ta
vie comme tu accepte ce qu'il
se passe sur le chemin
R.C 25/01/24

She was here & She was free 영어

•

그녀가 여기 있었다. 그녀는 자유로웠다.

She was here &
he was free.
— Celine, Malaysia
2023

CAMINA, GUERRERO, CAMINA,
POR EL SENDERO DEL DOLOR Y LA ALEGRIA
— MARCO, ITALIA. 08/07/2023

Taiwan
Canada
July 1st
2022

(hi)
PAZ
No
Rafa   l'amor
us huevos ♡
daria 2022
Si la route
marque
s là...

Buen
Camino!

MEMORY IS PRECIOUS.
EXCHANGE IT WITH
DREAMS. 영어

●

기억은 소중합니다. 그것을 꿈과 바꾸세요.

LOSE YOUR ANGER AND NEVER GO TO LOST PROPERTY OFFICE 영어

●

분노를 버리세요. 그리고 절대 분실물 보관소에 찾아 가지 마세요.

UD. NO TIENE
LA PREFERENCIA. 스페인어

•

당신에겐 다른 선택지가 없습니다.

THIS BENCH IS BROKEN.
YOU AREN'T 영어

●

이 벤치는 부서졌어요. 당신은 그렇지 않고요

ET NE PAS QUAND VIENDRA
LA VIEILLESSE DÉCOUVRIR
QUE JE N'AVAIS PAS Vécu. 프랑스어

•

나이가 들고서야 비로소 내가 인생을 몰랐다는 사실을 깨달았다.

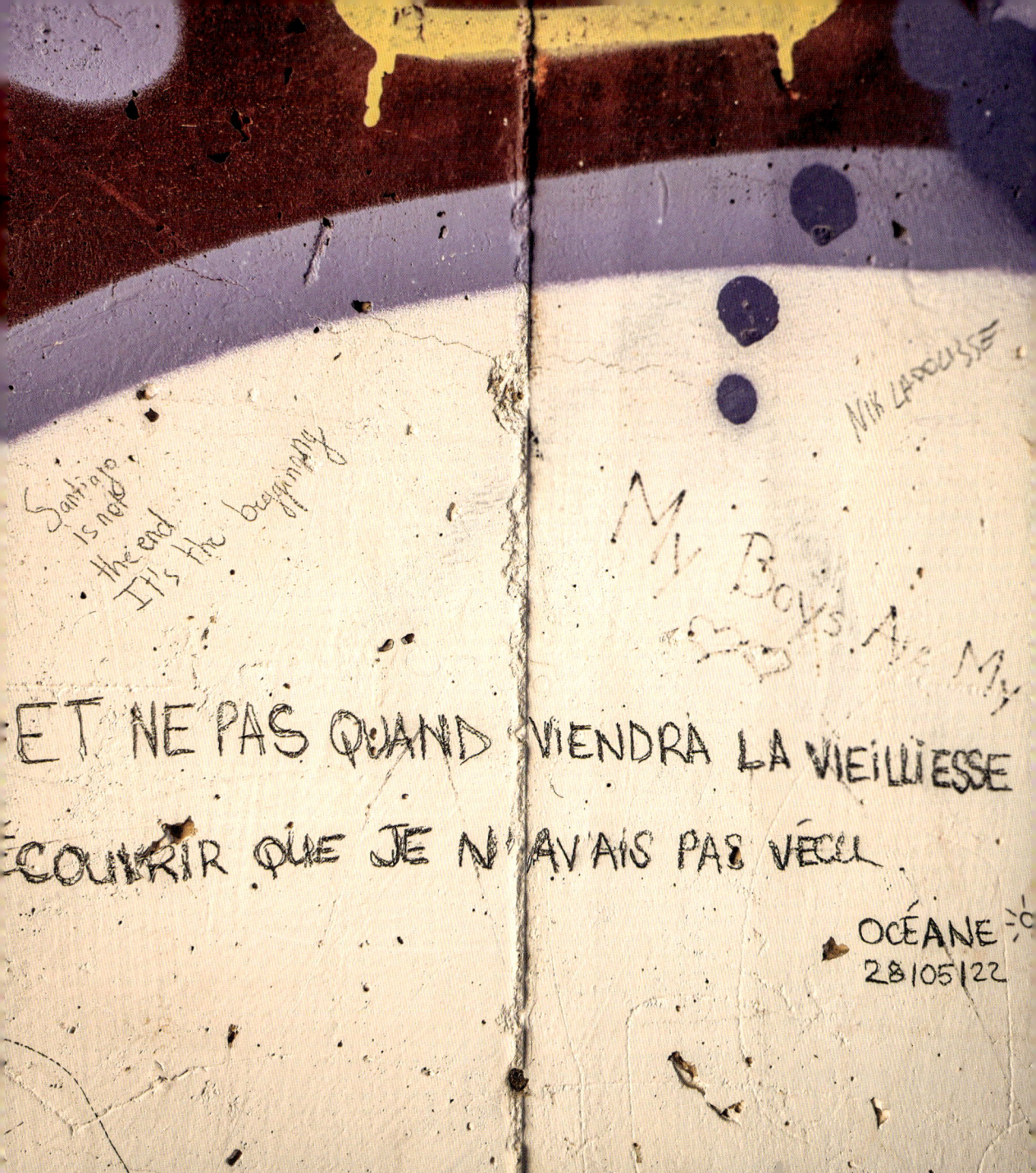

Duelenme aquellos que el silencio esconde. 스페인어

•

침묵이 숨긴 것들이 날 아프게 한다

Et j'ai crié, crié 프랑스어

•

그리고 나는 비명을 질렀다, 비명을 질렀다

PEREGRINOS 스페인어

•

순례자들

Just trust your instincts,
not your smartphone 영어
●

스마트폰이 아니라, 너의 직감을 믿어.

DEO OBRIGULA 포르투갈어

•

나는 의무를 다한다

SECRET WILTS INTIMACY GROWS 영어

•

비밀은 시들고 친밀감은 커진다

AFTER WINTER COMES SPRING 영어

•

겨울이 가고 봄이 온다

Life is what
happen when
you're making
other plans 영어
•

인생이란 네가 다른 계획들을 세울 때 일어나는 무언가이다.

SI ES PAZ LO QUE BUSCAS,
NO INTENTES CAMBIAR A
OTROS, CAMBIA TU. 스페인어

•

당신이 찾고 있는 것이 평화라면 다른 사람을 바꾸려고 하지 말고 자신을 바꾸십시오.

MEGERTENI NEM, CSAK ELFOGADNI TUDUNK: KIT, MIT, ÚGY-AHOGY. 헝가리어

•

우리는 그것을 이해할 수 없습니다. 다만, 받아들일 수 있을 뿐입니다: 누가, 무엇을, 있는 그대로.

MEGÉRTENI NEM,
CSAK ELFOGADNI TUDUNK:
KIT, MIT, ÚGY, AHOGY.

me cago en mi puta vida
de mierda 스페인어
●

내가 내 인생을 망쳤어

Do Forgive! 영어

●

용서하세요!

Alguna vez fuimos eternos 스페인어

●

우리는 한때 영원했었지

One day I was there,
Walking and Smiling. 영어

•

어느 날, 나는 거기 있었다. 걸으며, 웃으며

One day I was there,
Walking and Smiling

DAVID-HAIT!
(Dec '23)

a smile is the best thing
you can wear today 영어
·

미소는 오늘 당신이 지닐 수 있는 가장 좋은 것입니다

YOU DONT NEED TO
KNOW THE WAY
THE WAY KNOWS
THE WAY 영어

•

너는 길을 알 필요가 없어. 길은 길을 알고 있거든.

trust yourself ^{영어}

•

너 자신을 믿어

TODO LO QUE TIENES LO HAS DESEADO O TEMIDO 스페인어

●

당신이 가진 모든 것은 당신이 바랐거나 두려워했던 것들입니다.

I AM CAPABLE OF
WHAT I AM WILLING TO
WORK FOR 영어
●

저는 기꺼이 일할 수 있는 능력이 있습니다.

TO YOUR DEEPEST
EXPERIENCE 영어

•

당신의 가장 깊은 경험을 향해

THE CAMINO IS MORE THAN
A MERE HIKE IT IS
A JOURNEY FOR BODY,
MIND AND SPIRIT. 영어

•

카미노는 단순한 하이킹 그 이상입니다.
몸과 마음, 정신을 위한 여정입니다.

WHEN YOU LOSE THE
MEANING OF THE WAY,
REMEMBER WHAT <u>YOUR</u>
CAMINO SHOULD BE,
NOT "THEIR" OR "THE" 영어

•

길의 의미를 잃었을 때, '당신의' 까미노가 무엇이어야 하는지 기억하세요.

'그들의'나 '그'가 아니라

I'M HERE, YOU ARE THERE 영어

나 여기 있고, 너 거기 있지

NEVER LET YOUR FEARS DECIDE YOUR FATE 영어

•

두려움이 당신의 운명을 결정하게 하지 마세요

MIRA EL PRESENTE
SIN LOS MIEDOS
DEL PASADO NI LAS
EXPECTATIVAS DEl
FUTURO 스페인어

•

과거에 대한 두려움이나 미래에 대한 기대 없이 현재를 바라보세요

Every strength is the flipside
of a weakness.
Don't be too hard on yourself,
or too Prideful either. ᵉⁿᵍ

•

모든 강점과 약점은 동전의 양면과 같습니다.

자신에게 너무 엄격하거나 너무 오만하지 마세요.

WE DON'T CHOOSE A LIFE.
WE LIVE ONE 영어

•

우리는 삶을 선택하지 않습니다. 우리는 삶을 살아갑니다.

WE DON'T CHOOSE A LIFE
WE LIVE ONE

PART 2 고통의 정체

에세이 둘

까미노는 우리의 생과 닮았다

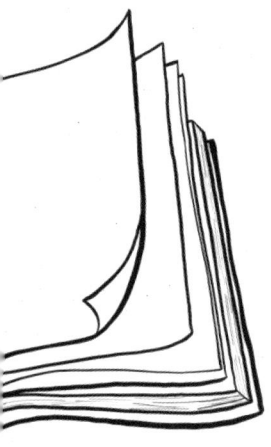

순례자의 매일은 고통을 동반한다. 예상했던 고통도 있고, 생각지도 못했던 고통도 있지만 어떤 고통이든 매번 새롭다. 첫 날부터 발가락에 물집이 생겼는데, 매일 새로운 물집이 잡혀 날 괴롭혔다. 내리막길을 걷느라 고생한 날엔 종아리에 쥐가 났다. 며칠 지나자 발바닥에 족저근막염 증상이 나타났다. 일어날 때마다 발바닥이 찌릿 하는 고통은 한 달 후 순례를 다 마치고 나서도 한참동안 사라지지 않고 순례길의 고통을 되새기게 했다.

떠나기 전 그런 얘기를 들었다. '순례길은 일주일이 고비다' '그 고비만 잘 넘으면 이후엔 확실히 수월해진다.' 신빙성 없는 얘기란 걸 알지만, 은근한 기대를 걸었다. 매일 나를 괴롭히는 물집과 근육통과 족저근막염이 마법처럼 사라지기를. 물론 일주일이 지났다고 해서 그 수많은 고통이 사라지는 일은 없었다. 다만 익숙해질 뿐이었다.

그나마 나의 고통을 견딜 수 있게 만드는 건 아이러니하게도 타인의 고통이었다. 나만 고통스러운 게 아니라는 사실이 적잖이 위로와 안심을 주었다. 물론 측은지심이나 동병상련 같은 마음도 함께였다. 길바닥에 주저앉아 피고름으로 젖은 양말을 조심스럽게 떼어내고 반창고를 교체하는 순례자를 보는 것은 일상적인 일이었다. 'Are you OK?'와 'Buen camino' 이 두 개의 문장은 서로를 동병상련으로 엮어주는 보이지 않는 매듭이었다.

고단한 삶을 견디게 만들어주는 것도 어쩌면 나보다 더한 고통을 견디며 사는 소위 '불쌍한 사람들' 덕분이 아닐까 하는 못난 생각도 했다. 잘 나가는 사람을 보면서 '나도 저렇게 되어야지' 동기부여를 얻기도 하지만 좀처럼 인생이 안 풀리는 사람을 보며 '저 사람도 저렇게 사는데, 나는 그래도 나은 상황이야'라고 위안을 받기도 하는 게 인간 심리 아니냔 말이다. 그런 의미에서 고통 받는 사람들은 그 존재 자체만으로도 이 세상에 자비로운 역할을 하고 있는 걸지도 모른다.

순례길을 걷고 있노라면 이렇게 별별 생각을 다 하게 된다. 걷는 일과 사는 일이 참 많이 닮았기 때문이다. "대체 산다는 건 무엇일까!"를 고민하는 어리석은 인간들을 위해 마치 신이 이 까미노라는 세계를 '인생 체험판'으로 특별 제작한 것 같았다. 세계 곳곳의 수많은 여행지를 다녀봤지만, 이렇게 한 가지 고정된 콘셉트가 있고, 모두가 이를 기꺼이 따르는 여행방식은 본 적이 없다. 그건 종교의 힘 덕분일 수도 있고, 모두를 사로잡을 만한 보편적인 매력이 있어서일 수도 있다.

인생과 까미노의 공통점은 무수히 많지만 몇 가지만 적어본다. 첫 번째, 인생에 탄생과 죽음이 있듯, 까미노엔 출발과 도착이 있다. 생장에서 출발할 때 우리는 처음 '순례자'로서의 정체성을 부여받고 걷기 시작한다. 풀 뜯는 나귀, 눈부신 일출, 바람에 나부끼는 밀밭을 일일이 신기해하면서 말이다. 걸음마에 서툰 아기처럼 처음엔 시행착오도 하고, 넘어지거나 다치기도 할 테지만 이내 익숙해진다. 길은 이미 정해져있다. 우리가 어디에서 어떻게 태어나 언제 어떻게 죽을지 선택할 수 없듯이, 그저 주어진 길을 걸어갈 뿐이다. 목적지인 산티아고 대성당에 도착하면 그 모든 일상도 끝이 난다. 우리가 누리는 평범한 하루하루는 죽음이 닥치기 전까지만 주어지는 신의 선물인 셈이다.

두 번째, 인생의 속도가 나이 들수록 빨라지듯이, 남은 거리도 목적지에 가까워질수록 빨리 줄어든다. 걸어가다 보면 남은 킬로수를 알려주는 표지석을 주기적으로 만나게 되는데 처음엔 그렇게 안 줄어들던 거리가 후반부로 갈수록 팍팍 줄어드는 게 체감된다. 나뿐만 아니라 많은 이들이 그렇게 느껴진다고 했다. 나이 들수록 점점 시간이 빨리 흘러가는 게 아쉬워지듯이, 순례자의 길도 그렇다. 100km가 남았을 때, 마지막 10km가 남았을 때……. 이제 정말 끝이구나 하는 실감이 잘 나지 않고 마냥 슬펐던 것 같다. 처음 순례를 시작할 때 아픈 다리를 어루만지며 "어느 세월에 다 걷나"하고 한탄하던 일은 전생처럼 느껴진다.

세 번째, 우리는 모두 같은 인간이다. 이건 실제 삶에선 느끼기 어려운 부분인 것 같다. 오히려 '세상에 저런 사람이 다 있나. 나와는 다른 세계 사람이구나.' 이런 생각을 하게 되는 순간이 훨씬 더 많다. 그도 그럴 것이 우리 사회는 정치적, 혹은 본능적인 이유로 인간들을 세분화하고 서열화해서 서로를 다르게 느끼도록 만들어놓기 때문이다. 경제적인 수준, 사는 곳, 국적, 출신, 성별, 피부색, 언어, 학벌, 나이……. 세분화의 기준은 이루 말할 수 없이 많다. 물론 주어진 것뿐만 아니라 일생을 통해 이뤄놓은 성취에 따라서도 갈리고, 심지어는 부모가 이룬 성취에 따라서도 금수저니 흙수저니 하며 갈라치기를 한다. 하지만 본질적인 부분만 바라보면 그리 다르지 않다. 우리는 모두 빈 몸으로 태어나 빈 몸으로 죽는 존재다. 사는 동안 별 다를 것 없이 먹고, 걷고, 생각하고, 노래하고, 여행하는 존재다. 정도의 차이만 있을 뿐이고 조금만 거리를 두고 바라보면 그 정도의 차이는 매우 사소하다. 하지만 인간은 돈을 위해, 성취를 위해 자신이 중요하다고 착각하는 어떠한 가치를 위해 건강을 갈아 넣고, 목숨을 갖다 바치기도 한다. 순례길에서는 그런 모든 세분화의 기준을 잠시 걷어낼 수 있다. 여기에서만큼은 모두 똑같은 순례자일 뿐이기 때문이다. 물론 체력의 차이, 언어의 한계 등은 분명 존재하지만 모두가 동의하고 따르는 순례길 문화, 가톨릭이라는 종교의 영향권 안에서 외부 조건만으로 서열화되는 일은 거의 없다. 서열화에 의해 평생을 시달려온 한국인들에게 순례길이 편안하게 느껴지는 이유는 아마 여기에 있을 것이다.

마지막 공통점. 이게 제일 중요하다. 인생이나 순례길이나 '고통'을 기본으로 깔아둔다는 점이다. 인생은 고통이다. 이 말에 동의하지 않을 사람이 있을까. 가끔 행복한 순간이 고통을 달래주긴 하지만 기본적으로 인생은 고통의 연속이다. 순례길도 마찬가지다. 걷는 내내 온갖 고통이 찾아오는데 원인도, 빈도도, 강도도 참으로 다양하다. 물집에 좀 적응이 될 만하면 감기에 걸리고, 옆 자리 코골이가 잠을 못 자게 하거나 갑자기 무릎 관절에 문제가 생기거나, 베드버그에 물리기도 한다. 내가 자초한 것도 있고 천재지변 같은 일도 있다. 아픈 곳이 하나도 없이 40여일 내내 최상의 컨디션으로 행복하게만 걷는 사람이 있을까? 그런 사람이 있다면 인간이 아니거나 미친 사람일 것이다. 모두에게는 각자의 고통이 있고 그 고통을 어떻게 받아들이고 컨트롤하느냐의 차이일 뿐이다. 인생도 마찬가지라고 생각한다. "왜 하필 나에게 이런 시련이 닥쳤을까?" 억울해하는 사람이 있는가 하면 원래 인생은 그런 것이고, 나만 힘든 게 아니라는 걸 받아들이고 묵묵히 살아가는 사람이 있다.

까미노를 걸으면 걸을수록 확실히 알게 된다. 살아가는 동안 우리는 절대로 고통을 피할 수 없다. 안간힘을 써봤자다. 인생이, 아니, 애초에 인간이란 존재가 그렇게 설계되어 있다. 고통은 선명하고 날카롭게 느끼지만 행복은 애매하기만 하다. 간혹 명백하게 행복한 순간이 찾아와도 그 당시엔 잘 느끼지 못하거나 나중에야 깨닫게 된다. 대체 어떤 분이, 무슨 이유로 인간을 이런 존재로 만드셨는지 그 의도는 알 수 없지만, 아마 그걸 알 수 없어서 종교를 만들어 신을 받들고 기도하는 게 아닐까 그런 생각도 든다. 물론 기도를 한다고 해서 아팠던 곳이 단숨에 낫는 그런 일은 없다(간혹 그런 일이 일어나기도 하는데 우리는 그걸 '기적'이라 부른다). 다만, 고통의 의미를 알게 할 따름이다. 왜냐면 이 어리석은 인간이 진정한 행복을 느끼려면 필연적으로 고통이 필요하기 때문이다. 배고픔 뒤에야 배부름의 행복이 찾아오고, 제대로 아프고 나면 이후의 아프지 않은 상태에서 감사함을 느끼며, 소중한 사람을 잃을 뻔 했을 때 비로소 그 사람이 내게 어떤 의미였는지를 깨닫곤 한다.

자연은 있는 그대로 아름답고 신비롭지만 인간은 아니다. 이별의 고통을 겪은 시인이 아름다운 노래로 세상을 감동시키고, 모든 것이 파괴된 재해의 현장 속에서 다른 단계로 나아갈 희망이 싹튼다. 그게 우리가 사는 세상이고, 우린 그런 존재들이다.

할머니를 잃은 뒤에야, 할머니를 생각하며 이 끝없는 길을 걷고 있는 나 역시 그렇다. 매일 걸으면서 '할머니가 살아계실 때 나는 왜…..?'로 시작되는 헛된 가정들과 속 쓰린 후회들을 가슴 속으로부터 퍼내고 있다. 그 찌릿한 고통을 가만가만 다독이면서 내가 결국 할 수 있는 일은 오직 앞으로 걸음을 옮기는 일. 이렇게 계속 살아가는 일.

You Are Strong! 영어

•

당신은 강해요!

THINK TWICE! 영어

두 번 생각해!

PRESENTE, AQUI, AHORA...

스페인어

●

현재, 여기, 지금…

CARPE DIEM 라틴어

•

현재를 즐겨라

PELGRIM BIKEGRIM
DOGYGRIM TURIGRIM
ANGRYGRIM ZOMBIEGRIM 영어

●

순례자, 자전거 순례자, 개 산책 순례자, 관광 순례자, 화난 순례자, 좀비 순례자

AQUI Y AHORA 스페인어

●

여기, 그리고 지금

Y al ver la estrella,
se regocijaron con muy
grande gozo. - Mateo 2:10 스페인어

•

그들은 그 별을 보고 더 없이 기뻐하였다. – 마태오 2장 10절

QUE VALIENTE ERES! 스페인어

●

넌 정말 용감해!

CAMINA CON
LOS PIES
ANDA CON EL
CORAZON 스페인어

●

발로 걷고 마음으로 걷는다

BRAVO! 스페인어

•

잘했어!

Dein Frühstück wurde bezahlt
von den Pilgern,
die gestern hier waren.
Deine Spende ermöglicht das
frühstück ir die Pilger,
die nach Dir kommen. 독일어

•

당신의 아침 식사 비용은 어제 이곳에 온 순례자들이 지불했습니다.
오늘 당신의 기부로 내일의 아침식사가 준비됩니다.

힘내

PODEMOS 스페인어

●

우리는 할 수 있어

SER FELIZ
ES UNA OBLIGACION 스페인어

•

행복해지는 것은 의무입니다

To see the world
in a grain of sand,
And heaven in a wild flower. 영어

●

모래알 한 알에서 세상을 보고, 야생화 한 송이에서 천국을 봅니다.

Rest if you must,
but don't you quit. 영어

•

그래야만 한다면 쉬세요.
하지만 포기하지는 마세요.

CAMIÑAR E FACER CAMIÑO. 갈리시아어

•

걸어서 길을 만들어요

you can't get lost by moving forward. 영어

•

앞으로 나아가면 길을 잃을 리가 없어.

shapes of the
Flying Spaghetti Monster
that loves you all!
Even the people with
fixed people. 영어

•

플라잉 스파게티 몬스터는 여러분 모두를 사랑해요!
심지어 고정관념을 갖고 있는 사람들까지도요.

& other shapes of the Flying Spaghetti Monster that loves you all! Even the people with fixed opinions. ♡

Whoever endures
to the end will
be saved 영어

●

끝까지 견디는 자는
구원을 얻으리라

Life is beautiful 영어

●

인생은
아름다워

Your speed
doesn't matter.
Forward is
forward. 영어

•

당신의 속도는

중요하지 않습니다.

앞으로

나아가는 것이 중요합니다.

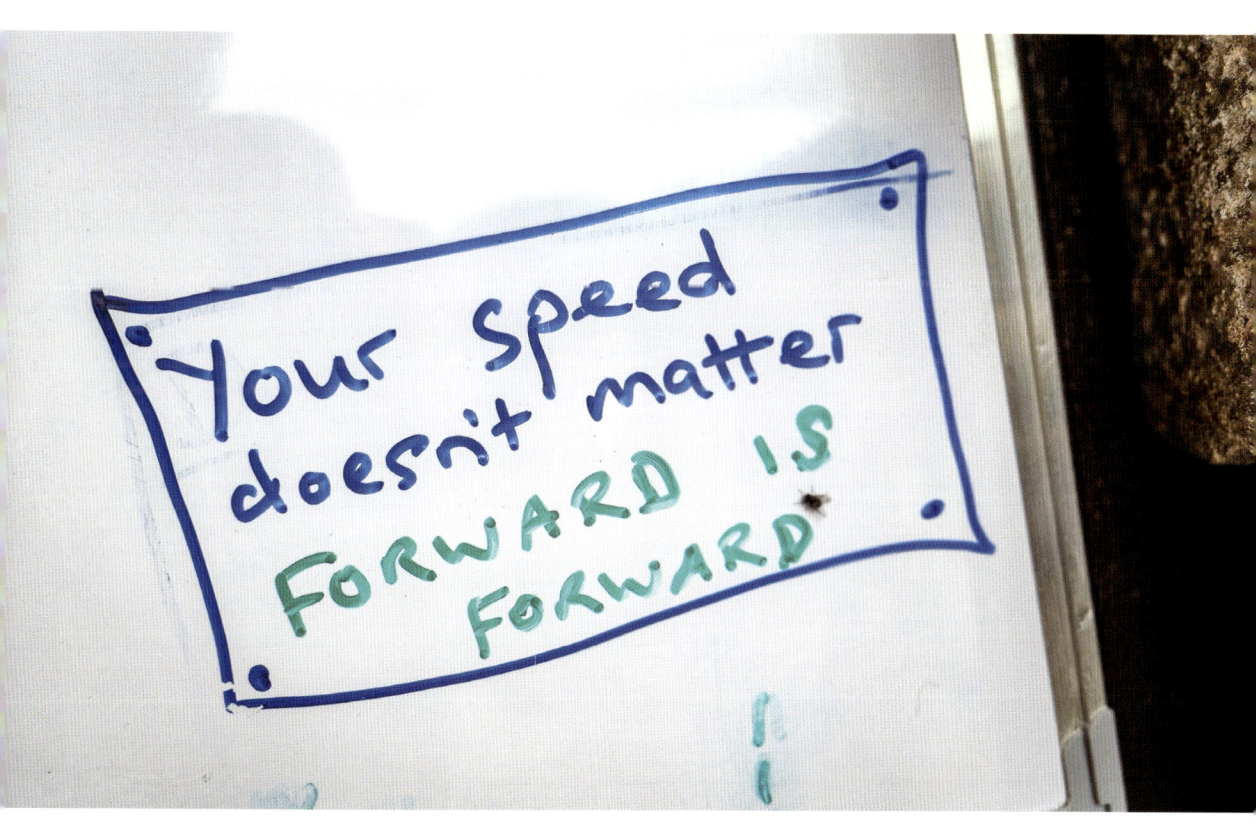

Nothing could stop you. 영어

•

그 무엇도
널 멈추게 할 수 없어

Live every moment. 영어

●

모든 순간을 살아라

NON SAPEVO dove
STESSI Andando,
COSA VOLESSI dalla MIA
VITA. NON CHE ORA LO
SAPPLA ma, almeno,
SONO FELICE. 이탈리아어

•

내가 어디로 가는지, 내 인생에서 무엇을 원하는지 몰랐습니다.
지금도 아는 것은 아니지만 적어도 행복합니다.

Non sapevo dove
stessi andando,
cosa volessi dalla mia
vita...
Non che ora lo sappia
ma, almeno,
sono felice

♥ MIKI 23·4·24

SENDING YOUR BACKPACK IS FOR COWARDS. YOU CAME HERE TO SUFFER. 영어

•

배낭을 배달시키는 건
겁쟁이들이 하는 짓이야.
너는 고통 받기 위해
여기 온 거야.

answer
SENDING YOUR BACKPACK IS FOR COWARDS. YOU CAME HERE TO SUFFER.
_SP.
Bullshit!
@SARA_PARRENYO
Try it when you

**Il vaut mieux Boiter
Sur le Bon chemin que
COURIR SUR le mauvais** 프랑스어
•

잘못된 길로 달려가는 것보다
올바른 길로 절뚝거리는 것이 더 낫다

Il vaut mieux Boiter sur le Bon chemin que courir sur le mauvais

DON'T STOP WALKING 영어

•

걷기를
멈추지 마.

TU PUEDES 스페인어

●

넌 할 수 있어

Tu Puedes

god loves you

NATS 18/11/22
¡ES JIMENEZ (T' 23
DE LA espada

LOS TORTUGAS
DE
PVNTA UMBRÍA
21/10/2

EL
JOSEMI, LASCA,
CLAUDIO

2023

Soyez
Calmes!

KEEP WALKING.
FELLA! 영어

●

계속해서 걸어.
친구!

HAPPINESS REAL
ONLY WHEN SHARED _{영어}

•

행복은 오직 나눌 때만이
진짜가 된다니까.

HAPPYNESS REAL
ONLY WHEN SHARED

CRISTOPHER MCCANDLESS

감사합니다.
고맙습니다.
덕분에 저도
길 위에 있어요.

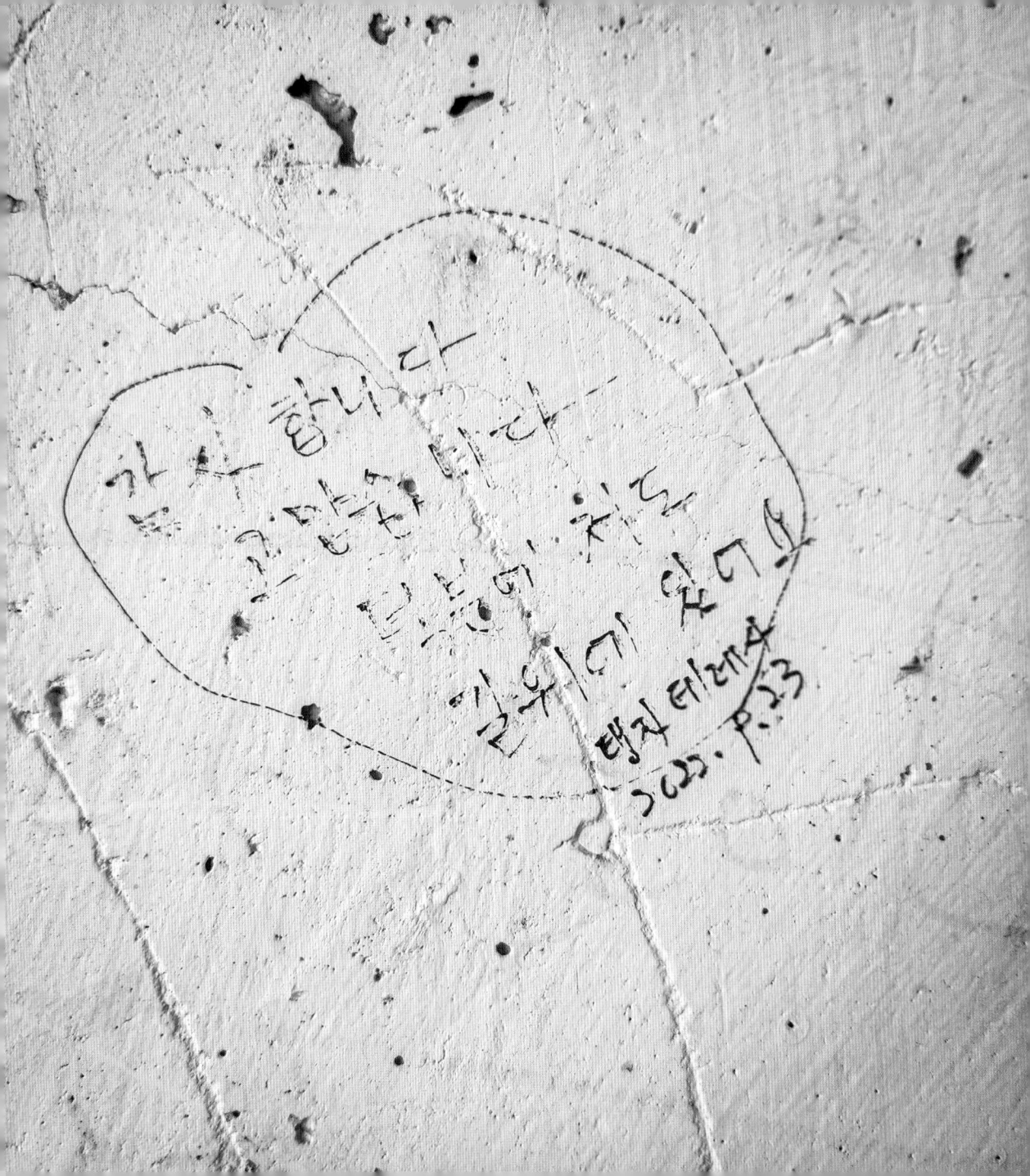

NO HAY CAMINO
SE HACE CAMINO 스페인어

●

길은 없다

길은 만들어진다

QUERIDO PEREGRINO,
POR FAVOR NO DEJES TUS
RECUERDOS EN
LA VALLA Y CONTINÚA
TU CAMINO.
YA TE QUEDA POCO!! 스페인어

•

친애하는 순례자 여러분.
당신의 추억을 울타리에 남겨두지 마시고,
계속해서 걸어가시기 바랍니다.
얼마 남지 않았어요.

PART 3 까미노의 말

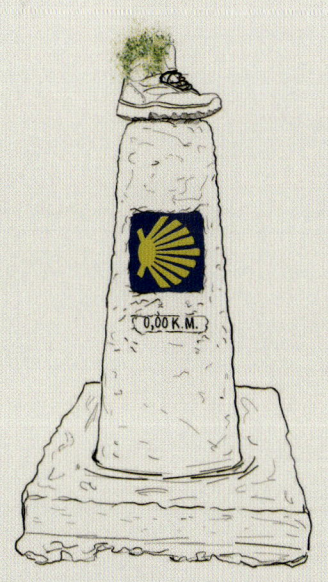

에세이 셋

결국 모든 것은 사랑이다

걸으면 걸을수록 가톨릭의 세계에 깊숙이 들어서고 있음을 느낀다. 아무리 작은 마을에도 예배당이나 십자가상이 있고, 이곳을 거쳐간 성인들의 발자취가 묻어있다. 지난 천 년 넘게 성지순례를 위해 가톨릭교도들이 목숨을 걸고 걸었던 길이니 당연하다. 현대에 와서는 유럽의 자연과 유서 깊은 문화를 즐기는 여행 방법의 일환으로 더 익숙해졌지만, 이곳이 성지순례를 위한 길이라는 것은 부정할 수 없다. 곳곳에서 만나는 다양한 언어의 까미노의 말에서도 이를 느낄 수 있었다.

DIOS NOS BENDIGA Y PAZ PARA EL MUNDO
(하느님이 우리를 축복하시고 세상에 평화가 있기를)
Dieu, c'est l'amour(하느님은 사랑입니다)
THERE IS NO WAY TO GET TO HEAVEN JUST THRU JESUS.
(예수님을 통하지 않으면 천국에 다다를 수 없다.)
YO SOY EL CAMINO Y LA VERADAD Y LA VIDA.
(나는 길이요 진리요 생명이다)

대체 하느님, 아니 예수님은 어떤 존재이길래 수천 년 동안 이토록 많은 사람들에게 영향력을 미치는 것일까. 사실 한국에서는 '예수천국 불신지옥'을 외치는 보수적인 기독교 문화에 대한 반감 때문에 늘 벌게만 느껴졌던 종교였다. 하지만 이곳은 완전한 가톨릭의 세계였다. 교회를 중심으로 사람이 모였고, 가족을 이루었다. 마을과 길, 심지어 사람에게도 가톨릭을 배경으로 한 이름이 붙여졌다. 사소한 습관, 언어, 음식에까지 가톨릭 문화가 스며

들어 있는 세계. 나는 적어도 이곳에서만큼은 가톨릭교도가 된 것 같은 마음과 자세로 지내야겠다고 다짐했다. 그런다고 없던 신앙심이 단숨에 자라날 리 없다는 걸 알고 있었지만, 조건 없이 친절과 축복을 베푸는 사람들과 이곳의 문화를 경험할수록 나도 모르게 점점 진심이 되어가고 있었다.

우연히 들른 깔자다스의 작은 예배당에서 아주 고운 노수녀님이 내 머리에 손을 올리고 축복기도를 해주셨다. 거센 칼바람을 피해 들어선 산 니콜라스 성당은 성전이라기보다 지친 순례자들을 위한 피난처였다. 하룻밤 잠자리를 찾지 못한 순례자들을 위한 낡은 침대 몇 개와 이제 막 모카포트로 끓인 따뜻한 커피, 비스킷과 잼 등이 마련되어 있었는데 어든은 되어 보이는 늙은 신부님이 혼자서 그 모든 봉사활동을 감당하고 계셨다. 포도주로 유명한 라 리오하 지방의 이라체 와이너리에서는 매일 100리터의 신선한 와인이 콸콸 쏟아지는 수도꼭지를 만들어 어떤 순례자든 마음껏 마시도록 했다. 마을마다 'Agua potable(마실 수 있는 물)'이라 쓰인 수돗가를 마련해두어 목마른 순례자가 없도록 했고, 일반 식당이나 바에 들어가서도 빈 병을 내밀면 흔쾌히 신선한 물을 가득 채워 돌려주었다.

이상했다. 까미노를 걸으면 걸을수록 내가 누군가의 보살핌을 받고 있다는 확신이 들었다. 성직자와 자원봉사자는 물론, 지나가던 현지인들, 동네 꼬마들……. 어떤 때는 맑게 지저귀는 새들과 무심히 나와 눈을 마주치는 흰소, 언 몸을 녹여주는 따스한 햇살과 잠깐 쉴 수 있게 자릴 내어주는 예쁜 벤치까지 세상 모든 존재들이 나를 축복해주는 것 같았다. 때로 *그것*은 까미노의 말로 현현했다. 다치지 않기를, 무사히 완주하기를, 행운이 함께하기를…….

그들은 내가 어떤 사람인 줄도 모르면서 친절과 은혜를 베풀었다. 내가 예뻐서, 그런 대우를 받을 만한 자격이 있어서 마실 것을 주고, 비바람을 피할 안식처를 제공해 주었겠는가. 나는 이들과 아무 상관도 없는, 지구 반대편에서 날아온 이방인일 뿐이었다. 그런 친절을 받을 자격이 있는지 없는지, 얼마나 게으르고 형편없는지, 아무 것도 할 줄 모르는 무능한 사람인지 그들은 알지도 못했고 상관도 없었다. 다만, 예수님의 사랑을 실천할 뿐이었다. 어느 덧 나는 낯선 이방인에게 기꺼이 베푸는 까미노의 가톨릭 문화에 빠져들고 있었다. 감사함에 가슴이 벅차오를 때는 나도 모르게 오래 잊고 있었던 '주기도문'을 웅얼거렸다.

하늘에 계신 우리 아버지, 아버지의 이름을 거룩하게 하시며 아버지의 나라가 오게 하시며, 아버지의 뜻이 하늘에서와 같이 땅에서도 이루어지게 하소서. 오늘 우리에게 일용할 양식을 주시고, 우리가 우리에게 잘못한 사람을 용서하여 준 것 같이 우리 죄를 용서하여 주시고 우리를 시험에 빠지지 않게 하시고 악에서 구하소서. 나라와 권능과 영광이 영원히 아버지의 것입니다. 아멘.

나는 평소에 논리적이지 않은 행동과 생각을 혐오하는 인본주의자다. 종교가 뭐냐고 묻는 말엔 깊게 생각할 것도 없이 '무교'라고 대답하곤 했다. 그런 내가 주기도문을 혼자 중얼중얼하면서 순례길을 걷고 있다니? 상상도 못한 일이 벌어지고 있었다. 자연스럽게 내가 맨 처음 예수님을 접했던 순간의 기억이 떠올랐다. 그리고 그 기억 속엔 할머니가 있었다.
내가 처음 성당에 다니기 시작한 건 열두 살 때였다. 당시 인천의 십정동 성당은 생긴 지 얼마 안 된 신생 성당으로 동네 주민들 사이에 알음알음 입소문이 퍼지고 있었다. 이웃에게 권유를 받고 성당에 나가기 시작한 할머니가 손주들인 나와 동생까지 이끌었던 것이다. 일요일 아침 만화영화가 더 좋았던 동생은 '가기 싫다'며 떼를 써서 금세 그만두었지만 나는 꽤 오래 할머니와 함께 성당에 다녔다. 성경학교도 다녔고 영세도 받았으며 '율리아'라는 세례명도 얻었다.

하지만 솔직히 고백하면, 한 번도 성당에 가고 싶어서 간 적은 없었다. 미사는 대개 지루했다. 내가 좋아하는 성가를 부를 때만 잠깐 즐거웠고, 그 외의 기도시간이나 설교시간에는 졸음과의 사투를 벌여야 했다. 성경 말씀은 아리송하거나 공감이 가지 않았고, 없는 용돈을 쪼개어 매번 내야 하는 봉헌금도 아까웠다. 가장 싫었던 건 성당까지 가는 길이었다. 집에서 꽤 멀어 30~40분을 걸어가야 했는데 왕복 1시간 넘게 걷는 건 아이에게는 꽤나 지치고 힘든 일이었다. 그때 이미 심한 관절염을 앓고 있던 할머니는 더더욱 그랬으리라.

나는 빠르게 자랐다. 육체적으로도 그랬지만 정신적으로도 그랬다. 유년기에서 사춘기로 넘어가는 징검다리와 같은 시기였다고 할까. 성당으로 향하는 길 위에서 할머니와 나와의 거리는 점점 멀어졌다. 나는 빨라졌고, 할머니는 느려졌다. 어느 시점부터는 할머니의 걸음에 내 걸음을 맞추기가 어려워졌다. 내 시간이 중요해졌고, 할머니와 함께 성당에 다니는 게 지긋지긋해졌다. 그러던 어느 날, 결국 나는 공부를 핑계로 성당 다니기를 멈췄다. 할머니는 서운한 눈치였지만 키도 머리도 잔뜩 커버린 손녀를 어찌할 수 없다는 걸 이내 받아들이셨다. 이후로는 자연스럽게 점점 종교와 멀어지는 삶을 살아온 셈이다. 재미있는 건 일찍감치 성당 다니기를 그만뒀던 동생은 오히려 지금 독실한 기독교 신자가 되어 있다는 점이다. 이 또한 할머니가 뿌려놓은 씨앗이었을까.

할머니를 따라 처음 성당에 다녔던 몇 년 간의 시절이 걷는 내내 왜 그렇게 떠올랐는지 모를 일이었다. 특별히 즐거웠다거나 기억에 남을 만한 사건도 없었는데 말이다. 호랑이 같았던 할머니의 명을 거역할 배짱이 없었던 거라고 치부하기엔, 막상 다닐 땐 열심히 다녔다. 할머니가 편찮으실 땐 그 먼 길을 혼자 걸어서 미사에 참석한 적도 있었다.

같이 성당에 다니는 동네 할머니들이 우리집에 모여 묵주기도 모임을 할 때 함께했던 기억도 떠올랐다. 내 임무는 손님들이 오실 때마다 부엌에서 커피를 타서(당시엔 믹스커피가 없어 손님들의 커피 취향을 외우는 것도 일이었다) 쟁반에 받쳐 내가는 일이었다. 간을 본다는 핑계로(?) 그 어린 나이에 커피를 찍어먹어 버릇하는 바람에 현재 심각한 커피중독자가 되어버린 데에는 할머니 역할이 크다. 하지만 사실 이 또한 딱히 떠올려본 적도 없는 평범한 기억 가운데 하나다. 할머니들 사이에 끼어 지루한 기도문을 외는 일이 열두 살짜리 아이에게 즐거웠을 리가 없잖은가. 신앙심도 없고, 재미도 없는데 대체 난 왜 그때 그렇게 성당에 열심히 다녔던 걸까.

그렇게 옛날 생각에 빠져 순례길을 걷던 어느 날, 문득 응답처럼 떠오른 한 문장에 나는 그만 걸음을 멈추고 말았다.

사랑 받고 싶어서.

그것은 벼락 같은 깨달음이었다. 지금까지 난 할머니에게 받은 것만 생각했다. 할머니가 내게 해주신 것들만 떠올랐다. 하지만 내가 얼마나 할머니를 사랑했는지, 그래서 얼마나 사랑 받고 싶어했는지를 기억해내자 얼어있던 심장에 비로소 온기가 퍼져나가는 것 같았.

어린 시절, 할머니는 나의 온 세상이었다. 부모님, 삼촌, 고모들이 모두 일하러 나가면, 집에는 할머니와 어린 우리들만이 남았다. 아침에 눈을 뜰 때부터 잠들 때까지 매 시간, 매

초가 할머니와 함께였다. 아무리 무섭게 혼내고, 꾸짖고, 노려봐도 나는 할머니를 사랑했다. 열이 날 때는 할머니가 내 이마를 짚어주었으면, 비 오는 날엔 할머니가 우산을 가지고 데리러 와줬으면, 몰래 방청소 해놓은 것을 알아채고 칭찬해주었으면 했다. 하지만 보통 난 할머니의 한숨과 잔소리를 돋우는 타입이었다. 둔감하고 늑장을 피우기 일쑤인 천성 탓에 늘 기대에 못 미쳤던 것 같다. 어린 시절 내가 주눅 들고 우물쭈물하는 소심한 성격이 된 것 역시 할머니 역할이 크다.

첫 영세를 받던 날, 하얀 미사포를 쓴 열세 살 손녀 옆에서 꽃다발을 들고 환하게 웃던 할머니, 성당에서 이웃을 만날 때마다 자신을 따라 함께 온 손녀를 앞세워 인사시키던 위풍당당한 할머니의 모습을 기억한다. 나는 내가 성당에 다니는 게 할머니를 기쁘게 하는 일이란 걸 은연중에 알았던 것 같다. 할머니, 아니 온 세상으로부터 사랑받고 싶었던 열두 살 소녀의 간절함을 떠올리자 이상하게 눈물이 날 것만 같았다.

참 희한한 일은 함께 사는 동안 할머니가 날 욕하고 무섭게 대하긴 했어도 한 번도 애정이 모자라다 느낀 적은 없었다는 것이다. 어째서였을까. 생전에 할머니는 한 번도 내게 그런 표현을 해준 적이 없었는데. 오히려 사소한 실수도 그냥 넘어가는 법 없이 비꼬거나 힐난하는 식으로 여리디 여린 손녀의 맘에 상처 주는 말만 하곤 했다. 사춘기 이전 내가 흘린 눈물의 팔 할은 할머니 때문이다. 그럼에도 불구하고 나는 분명히 느낄 수 있었다. 할머니가 날 깊이 사랑한다는 것을.

할머니는 사랑의 말을 할 줄 몰랐다. 살면서 그런 말을 배운 적도 없고 들은 적도 없었을 것이다. 살아남기에도 버거운 시대였다. 일제강점기에 태어나 전쟁통에 시집 가 다섯 아이를 낳고 좀 살만해지려 하니 과부가 됐다. 배를 곯고, 시집살이를 하고, 파출부 일도 다녔다. 자식들을 키우고, 먹이고, 입히고 한 자리에서 가정을 지켜냈다. 한 명도 빠짐없이 모든 자식들이 제몫을 할 수 있게 성장하고 각자의 가정을 이루고, 그 자식들이 또 다른 가정을 이루고……. 할머니가 그 작은 몸으로 90년 넘게 이 험난한 세상에서 기어코 살아남아 이룬 업적은, 사랑이 아닌 다른 말로는 설명할 수가 없다.

가부장제의 관습과 생존의 현실 속에서 따뜻한 사랑의 표현을 체득하기란 언감생심이었을 것이다. 하지만 세상 그 누구보다 나에게 사랑의 말을 전해주고 싶었던 사람은 할머니가 아니었을까. 평생 자기보다 자식들이 우선인 분이었으니까. 모든 것을 다 퍼주고, 머리와 심장 속까지 박박 긁어내어 자식들과 손주들에게 나누어주고는 몸도, 마음도 투명해져서 하늘로 돌아가셨으니까.

어린 손녀를 성당에 데리고 가 예수님의 사랑을 알게 해준 할머니. 어른이 된 후 한번도 떠올린 적 없었던 기억 속 나의 할머니를 까미노에서 다시 만났다. 거기까지 생각이 미쳤을 때 나는 문득 깨달았다. 내가 '까미노의 말'에 이끌렸던 이유. 까미노의 말을 수집하며 부르튼 발을 절뚝거리면서도 걷기를 포기하지 않았던 이유.

할머니가 하고 싶었던 말. 하지 못했던 말. 그러나 이미 내 안에 들어와 있던 말.

까미노의 말을 정리하며 결국 모든 것은 사랑이었음을 깨닫는다. 할머니의 사랑을 그토록 갈구했던 열두 살의 나를 불러내어 이야기한다.

그 사랑은 이미 네 안에 있어. 네가 태어난 순간부터, 지금 이 순간까지도. 너는 사랑으로 빚어진 존재야.

EVERYTHING YOU NEED IS INSIDE OF YOU. 영어

•

네가 원하는 모든 것들이
이미 네 안에 있어.

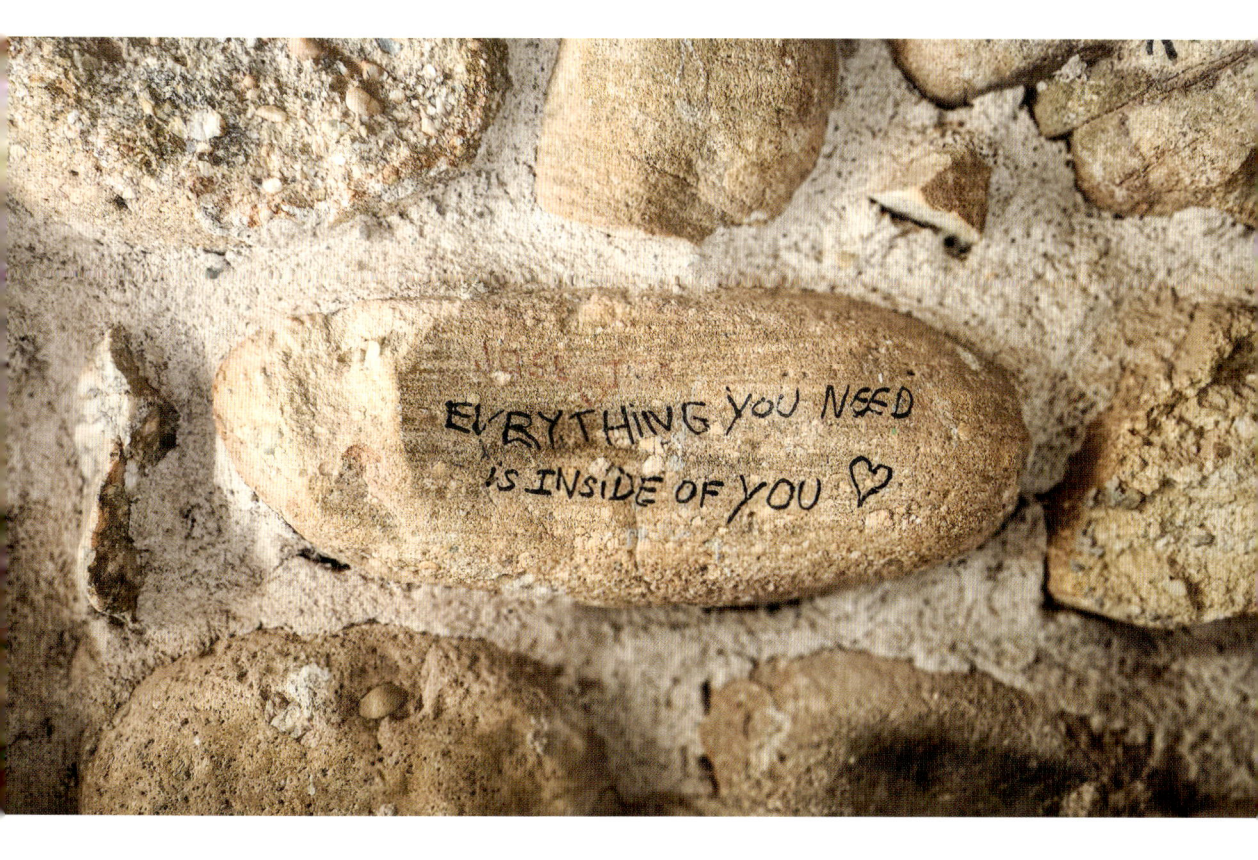

Most of the time,
when you don't
get answer,
It's because
you didn't
find the good
question.

•

해답을 발견하지 못하는 경우는
대부분 좋은 질문을
찾아내지 못했기 때문입니다.

PARA CONOCER A DIOS NO HACE FALTA PEREGRINAR ESTUDIA LA BIBLIA. 스페인어

•

하느님을 알기 위해 순례를 가거나
성경을 공부할 필요는 없습니다.

ARA CONOCER A DIOS NO HACE FALTA PEREGRINAR
ESTUDIA LA BIBLIA

IN LIFE, THE ONLY
VOICE THAT YOU
HAVE TO LISTEN TO,
IS THE ONE THAT
COMES FROM
WITHIN YOU 영어

•

인생에서 귀 기울여야만 하는 유일한 목소리는
당신 내면에서 나오는 목소리입니다.

In life, the only voice that you have to listen to, is the one that comes from within you.

DIOS NOS BENDIGA Y PAZ PARA EL MUNDO 스페인어

●

하느님이 우리를 축복하시고
세상에 평화가 있기를

BELIEVE DOESN'T
MAKE YOU FREE
HAVE FAITH DOES,
YOU LET IT SPACE TO ACT. 영어
•

믿음이 당신을 자유롭게 만드는 것은 아닙니다.
신념을 가지는 것이 우주를 움직이게 합니다.

Dieu, c'est l'amour 프랑스어

•

하느님은 사랑입니다

YO SOY EL CAMINO Y LA VERADAD Y LA VIDA. 스페인어

•

나는 길이요, 진리요, 생명이다.

QUESTA STRADA
MI PORTA SEMPRE A VOI 이탈리아어

•

이 길은 언제나

나를 당신에게로 인도합니다.

R'EVOL'UTION 영어

혁명 (그 안에 사랑)

TU ERES MARAVILLOSA Y
LUMINOSA
COMO LA MONTANA
EN UNA MANANA 스페인어

•

당신은 아침의 산처럼 멋지고 빛나요.

"TÚ ERES MARAVILLOSA Y LUMINOSA
     COMO LA MONTAÑA
       EN UNA MAÑANA"

                    JUAN-CARLOS

SOPHIE, MURIEL Y PATRICK

INSTAGRAM: ALTERNATIVE_DESIGN_LAB

PEACE
GOODNESS
LOVE
JOY
GENTLENESS
PATIENCE
SELF-CONTROL
FAITHFULNESS 영어

•

"평화" "선의" "사랑" "기쁨" "예의" "인내" "절제" "신의"

PEACE LOVE HAPPINESS 영어

●

평화, 사랑, 행복

Me gustas Tu. 스페인어

●

널 좋아해.

Libre te quiero
como arroyo que brinca de peña
en peña
pero no mía
- Agustín García Calvo 스페인어

•

바위에서 바위로 자유롭게 흐르는 물처럼 당신을 사랑합니다.
하지만 내 것은 아닙니다.
— 아구스틴 가르시아 칼보

Te Quiero 스페인어

●

널 사랑해

LOVE IS WILLING THE GOOD OF ANOTHER. 영어

●

사랑이란 다른 이가 잘 되기를

기꺼이 바라는 것입니다

ETERNAMENTE 스페인어

영원히

love 영어

•

사랑

LOVE is all 영어

사랑이 전부야.

CADA NUDO ESTA HECHO CON AMOR 스페인어

●

모든 매듭은 사랑으로 만들어집니다

Keep shining your light! 영어

- 계속해서 빛나길!

YOU BE YOU
AND I WILL BE ME 영어

●

너는 네가 되렴.

나는 내가 될 테니.

SI NO TE QUIERES TU NADIE LO HARA POR TI 스페인어

•

내가 나를 사랑하지 않으면

누구도 나를 대신 사랑해 주지 않아.

이 길의 끝에는
무엇이 기다릴까.
다들 완주하기를

EZ ZAITUZTEGU
AHAZTUKO 바스크어
NO OS OLVIDAMOS 스페인어
•

우리는 너를 잊지 않을 거야

LIFE IS WONDER.
THERE ARE MANY THINGS
TO BE GRATEFUL FOR
AMATE. 영어

•

인생은 경이롭습니다.
감사할 일이 많이 있습니다.

DO YOU LOVE YOURSELF? 영어

•

당신은 자신을 사랑하나요?

Aun sigo creyendo en los finales felices 스페인어

●

난 아직도 해피엔딩을 믿어

ET ALORS? 프랑스어

•

그 다음에는?

epilogue

까미노는 끝나지 않았다

2024년 5월 20일. 드디어 산티아고 대성당에 도착했다. 꿈에 그리던 목적지를 앞에 두고 감격에 겨워 눈물이라도 흘릴 줄 알았건만 그런 일은 없었다. 나는 성공의 기쁨을 만끽하지도 못한 채 그대로 며칠을 앓아누웠다. 드디어 목적지에 당도했다는 안도감 때문인지, 그간 쌓인 피로감이 그만큼 컸던 건지 알 수 없다. 여행의 후반부는 맘씨 좋은 동생들과 팀을 이뤄 다녔는데, 산티아고에서 와병하던 나를 챙겨주고 밥도 해준 게 그들이다(지면을 빌어 깊은 감사의 인사를 전한다). 기운을 어느 정도 차린 뒤에는 혼자 바다를 보러 피스테라에도 다녀오고, 여행 내내 용기를 주셨던 한국인 순례자 마태오님을 만나 맛있는 음식 대접도 받았다. 매일 수십 킬로를 걷다가, 걷지 않으니 좀 이상하기도 했다.

한국으로 귀국하기 위해 산티아고 공항에 가는 길, 순례 내내 가방에 매달고 다녔던 조가비를 떼어냈다. 조가비가 달려있지 않은 배낭을 보니 마음이 참 허전했다. 이제 나는 더 이상 순례자가 아니구나. 진짜 끝이구나.

공항 가는 버스에서 창가에 몸을 기대고 멍하니 앉아있는데, 의자 사이로 앞자리에 앉은 승객의 팔뒤꿈치에 새겨진 문자 타투가 눈길을 사로잡았다.

ET ALORS?

까미노의 말을 수집하던 습관이 아직 몸에 배어있는 것일까. 자동반사적으로 사진을 찍어 번역기를 돌려보았다.

그 다음에는?

아, 그렇지. 나에게는 다음이 있구나. 까미노는 끝난 게 아니구나. 한국에 돌아가면 다시 시작될 나의 삶이 기다리고 있었다. 그 중 하나가 바로 이 까미노 프로젝트였다.

이 책은 일종의 약속이었다. 돌아가신 할머니와의 약속이라기보다는, 돌아가신 할머니에게 바치는 나 자신과의 약속이랄까. 나는 내 마음에서 우러나서 까미노의 말들을 수집했고, 이를 모아 책으로 엮겠노라 결심했다. 그 과정에서 느낀 깨달음과 놀라움, 살아가는 데 큰 힘을 주는 사랑의 언어들을 더 많은 이들에게 전달하고 싶다는 욕심도 있었다.

물론 이 책에 적힌 까미노 이야기는 순례길의 극히 일부일 뿐이다. 까미노 데 프란세스. 프랑스 국경에서 시작해 북부 스페인을 동에서 서로 횡단하는 머나먼 여정이었다. 꿈에서도 보기 힘든 아름다운 자연 풍경을 만나기도 했고, 친절하고 선량한 현지인들과 기독교 문화에 감동 받기도 했다. 순례자들끼리 우정을 나누며 응원과 에너지를 나누기도 했다. 구체적인 여행담과 정보는 따로 추려 〈이 길의 끝에는 무엇이 있을까- 마흔에 홀로 떠나는 산티아고〉라는 여행기에 담았다.

여기까지가 내 까미노 여정의 마무리가 될 듯하다. 다양한 곳에서, 각자의 이야기를 품고 시작되거나 진행되고 있을 수많은 여정들을 상상한다. 그리고 그들에게 인사를 건넨다.

부엔 까미노.

2025년 봄
홍아미

글·사진 홍아미

여행 에세이스트. 여성들의 창작 활동을 응원하는 1인 출판사 아미가를 운영하고 있다. 『지금, 우리, 남미(공저)』, 『그래서 너에게로 갔어』, 『조금씩 천천히 페미니스트 되기』, 『미치도록 떠나고 싶어서』, 『제주는 숲과 바다(공저)』 등을 출간했다.

까미노의 말

산티아고 순례길을 걸으며 수집한 인생의 문장들

발행일	2025년 3월 29일
글·사진	홍아미
편집디자인	윤소영
일러스트	송새벽
발행처	아미가
발행인	홍유진
출판등록	제2016-000234호
주소	경기도 고양시 일산동구 강송로 49
이메일	conamiga3@gmail.com
ISBN	979-11-988335-4-9
정가	25,000원

ⓒ 홍아미 2025
본 책 내용의 전부 또는 일부를 재사용하려면 반드시 저작권자의 동의를 받으셔야 합니다.